This Book Belongs to

Puzzle 1

	7	5	1		6		3	
	1	3		2		6		9
4		9	3	5	8	1		7
	2	1	7		5	4	9	3
	5	4	6	3	9	2	8	1
	3	8	2	1	4	5	7	
5	8	7				3	6	
3	4	6	5	7	2		1	8
1		2	8	6	3	7		

Puzzle 2

4	1	9		2	6	8	7	
7	2	3		4	5	1	9	6
			9		1	2	3	4
2		1	6	3	7	9	5	8
9	6		2	5		3	4	1
3	8			1		6		7
5		2	1	8	3		6	9
8		6		9		5	1	2
1	9	4	5	6	2	7	8	3

Puzzle 3

4	5	6	3	8	2	7		1
1		3	4	6	9		2	5
	9	2		1	5	6	3	4
5		9	1	7	4	3		8
7	8			3	6	4	5	2
	6	4	2				1	
2		5	6	9	7	1	8	3
		7	8	2		5	4	9
	3	8		4	1	2	7	

Puzzle 4

	7	3	2	4	5	8	6	1
5			8	1		3		7
	1	8			7	2	5	
1		2	7	6	9	5		8	3
7	8	9	3	5	2		1	6
3	5	6					9	7	
8	6	1	5	2	3	7	4	
4		7	6		8	1	2	
2	9	5	1	7	4	6		8

Puzzle 5

6	5	1	4	9	2	8	3	7
8			6	1	7	9	5	2
7	9	2	5		8	1	6	
9	7	6	1	8	4	3		
3	2		9	7		4	1	6
5	1	4	2	6	3			
2	8	9	7	5	1	6	4	
1	3		8				7	
	6	7		2	9	5	8	1

Puzzle 6

2			9	3	4	7	1	8	

2		9	3	4	7	1	8	
1	5		6		8			3
4	8	3	1	5	9	7	6	
	9	4	5	8	1	6	2	7
	2	8	4		6	5		
6		5	9				8	3
5		6		1	4	2	7	9
	4	2	7	9		3		6
9	7	1		6	3	4		8

Puzzle 7

4	9	8		7		6	3	1
	5	6	8	4	1	9	2	
1	7	2	9		3		8	5
9	3				6	8		4
		4	7	3			6	2
6	2	5	4	1		3		9
	8	3	1			7	4	6
2	4				7	1	5	3
7	6	1	3	5	4	2		8

Puzzle 8

	8	9		7	3	6	4	1
4	1	3	5	9			2	8
	7	6	4	1			5	
8		1	9	3		4	6	
7	6	2	8	5	4	9	1	3
9		4	1	6	2		8	7
1	9	8	3		5	2	7	
	4		6	2	1		9	5
6				8	9	1	3	4

Puzzle 9

	9	1	3	6	5	7	2	8
5	8				7		3	
7	6	3		8	2	9	5	1
1	3	7		4	6		8	9
6	4		5	7		3	1	2
2	5		8	1	3		7	6
	2		9		1		4	7
		5	6	2	4	1		3
9	1	4		3	8	2		5

Puzzle 10

4		8	2		3	9	7	
6	7	9		4	8	2	5	3
5	2	3	6		9	4	1	8
8	6	2		9	5	1	3	7
9	3	5	7	8		6	4	
7	4	1	3		6	5	8	
3			8			7	2	5
2	5	4		3		8	6	1
1	8				2	3	9	4

Puzzle 11

3		8	9		7	6	4	1
2	1	9		4	6	8		3
4	7	6	1	3		5	2	9
8	2	7		5		9	3	
6		1		9	4	2	5	8
9	4	5		8	2		6	
	6	2		7	9	3		5
5	8		2		3	7	9	6
7		3	8	6	5		1	

Puzzle 12

2	9	4		6	1	5	8	7
5			4	7		2	9	1
1	7	8		2	9		3	
6			1	8	4	3	7	5
8	5	7	6	3	2	9	1	
4		1	9		7	8	6	2
9	4	2	8	1	6		5	
7		5	2	9	3			
3	8	6	7	4			2	9

Puzzle 13

	4	8	6	2	7	9	1	5
2	5			1	9		6	4
		6	5	4	3	7	2	8
5	7			6	8	1	4	2
8	9	2		3	1	6		7
		1	2	7	5	8	3	9
6		9			4		7	3
7	8	4	3	5	6			1
1		5		9	2		8	6

Puzzle 14

		4	3	9	5	7	1	8
5	3		6		7	9	4	
	7		2	8	4	5	6	
8	9	7	4	3	1	6	2	5
4	6	1	9		2			7
3	5	2		7	6	1	9	4
9	4		7	6	8		3	1
		3	1		9	4		6
2		6	5	4	3	8	7	9

Puzzle 15

4	1		2	8	7	5	6	9
6	5		1	9	3	7		8
8	7	9	5	4	6	2		1
1		5	3	7	9		8	6
	4		6			3		
9		6	4	5			7	2
5	9	1	7			8	2	3
2	6		8		5		1	7
3	8	7	9		2		5	4

Puzzle 16

2	4	5	1	3	6	9		8
3	7	8			9	1		
1		6	5		8	3		4
6	5	9	4	1	7	2	8	3
4	1	3	8	9	2	7	6	5
	2	7	6	5			9	1
9	8		7	6	4	5	3	2
5		2	9		1	6	4	
7	6				5	8	1	

Puzzle 17

	6	4	9	8		5	1	7
3	5	8	1		4		9	2
9	1	7	5		6	3	8	4
6	8	1	7	9	5		2	3
5	4	3	2		8			
7	9	2			1		6	5
4		6	3				5	8
	2	5			7	1	3	9
	3	9	8	5	2	7	4	6

Puzzle 18

3	4	1	6		9	5			7
2	9	8	7			1	5	3	
5		6				8	9	4	1
4	1		5				3	9	8
	3	5	9	8			7	1	
	2	9	1		7		6	5	4
	6	3	4	7	9		8	2	5
		2	8	1	3		4	6	9
	8		2	5	6		1	7	3

Puzzle 19

7	9		4	5		2		8
2		4	9	1	8	7	3	6
8		1	2	3	7	4	5	9
4		6	3	9	1	5	2	7
5			8		2	3	6	
					4	9	8	
	2	8	7	4		6	9	3
	3	7	1		9	8	4	5
9	4	5	6	8	3		7	2

Puzzle 20

6	7	2	5		4	8		9
8	9	3	7	1	6	2	4	5
	4	5	9			6	3	7
7	1			9	5	3	8	
	2	8	3		1	9		4
3		9	4		2	7		1
9	3		1	5	7	4	2	8
4	8	1	2	6		5	7	3
2	5					1	9	6

Puzzle 21

	2	4	7			8	3	5
	3	7	4	8	2	1	9	6
6	9	8		5	3	2	7	4
		5	6	4			2	8
7	8		3		5	6	4	
			8	2	1	9		7
8	7		5	3		4	1	2
2	4	1	9	7		5		3
3	5	6	2		4		8	9

Puzzle 22

5	3		4	9	2	8	6	7
		9	1	6	7	5	4	3
6				3		1	9	2
7	6			4	5		3	1
3	1		2	7	6	9	5	
2			3	8	1			
1	7	3	6			4	8	5
4	5	6	8	1	3	7	2	9
9		2		5	4	3		6

Puzzle 23

4	3		2				1	6
2	5	8	3	6	1	4	7	9
	1	6	7	4	8	2		3
6	7	4	1	3	2	5	9	8
3	2	9		5		7	6	1
	8	5		7		3	4	
7	9		4	2	3			
8	6	2		1		9	3	4
5	4		9		6	1		7

Puzzle 24

4	2	3	7		1	5	8	9
5	6	7	8	4	9			2
8	1	9	5	3		4		7
		5			7		2	1
1	7		9	2	5	3	4	8
2	3	8	6	1	4	9		
6	8	2	1	5	3	7	9	
3		1	4		8			
7	5	4		9		8		

Puzzle 25

6	7	1	3	4	9	8		
	9	4	6			7	3	1
8	5	3	2	7	1	6	4	
5	8	7	4		6		1	3
9	1	6		8	3		2	7
4	3		1	9	7		8	6
	6	5	9	3			7	
7	4			1				5
3	2	8	7	6	5	1	9	4

Puzzle 26

	3	7	5	2	9	4		6
	4	6			1	5	2	7
5		8		4	6	3		1
7	9	5	3	8	2		6	4
	8	2		1		7	3	9
3		4	6	9		8	5	2
	7	9	1	5	8	6	4	3
	5	1	9	6	3	2		
		3	2	7	4	9		5

Puzzle 27

2	6	1	5	9		3	8	
8	7		6		3	5		1
3	5		8	1	2	7	6	9
	1	3	7	8	6	4	9	2
9	8		2	5	4	1		
	4	2	9	3	1		5	6
	2	8	3	7			1	
		5	4	6	8	2		3
	3	7	1		5	9	4	8

Puzzle 28

5	6		3	7			2	4
7	3			9	1		8	5
8		9	6	5	2	3		1
4	9	8				7		3
3	1	6	9		7	2	5	8
2	5		8	1	3	4	6	9
		4	7	2	9	5		6
9	2		5	8	6	1	4	7
	7		1		4	8	9	2

Puzzle 29

	1	9	4		3	2	6	5
4	5		1		2	8	7	
8	2	6				1		3	4
2		5		4		3	1	7
6	4	1	2	3	7		9	
3	8	7			1	4		6
			3	2	4	7	5	1
1	3	4		7	6	9	8	2
	7	2	8	1	9	6		3

Puzzle 30

7	9		3	1	5	2	8	4
5	2	8	6	9	4	1	3	7
4		3		8	7	9	6	5
	3	9	4	7	2	5		6
	5	4	1	3	8		2	9
2	7			6	9	3	4	
	8		9	2		4		3
	4	7			1	6		2
9		2	7	4	3	8		

Puzzle 31

4	9	8	5			7		
2	3	6	9		7		5	
		1		4	6	2	9	8	3
	4	9	2	7	5	1	3	
1		5		3	4		9	2
8	2	3	1	9	6	5	4	7
7	8	1	3	5	9	2	6	4
3	5		6	4		8	7	
9	6	4		2		3	1	5

Puzzle 32

		7	3	1	4	5	8	6
	7	3	1	4	5	8	6	9
4		8			2	5	3	1
		5	9		3			4
	1		3	5	8	4	9	2
		2	4	6	7	1	5	8
5	8	4		9	1	3	7	6
8	5		7	2		6	1	
6		1	5	3			8	7
3			8	1	6		4	5

Puzzle 33

5	9				8	1		
	7		1		5		6	2
			2	4	7		3	5
9	3	7		1	4			8
8	1		5	2	3	6	9	7
	2	5	7	8	9	3	4	1
7	6	1	9	5	2	4	8	3
3	4	9		7	1	5	2	6
2			4	3	6	7	1	

Puzzle 34

3		5	7	9	1		4	6
7	4		3	5	8		2	
1	9	8			2	5	7	
		1		4	6	3	8	7
4	7	2	5	8	3	6	1	9
8	6		9		7	4		2
2	8			3	9	7		5
6	1	9	8		5	2	3	4
	3	7	6	2	4	1	9	8

Puzzle 35

2	5		9		3	4	8	1
4		1		2	8	9	6	3
8	9	3		6	1			7
5	3	7		9		1		
1	8	9	3		5		7	
6	4		1		7	3		9
7	1	4		3	2	6	9	5
	6			1	4		3	2
3	2	8		5	9	7	1	4

Puzzle 36

9			6		8	7		1
7	8	6	1		5			4
1	5	4	3	9	7	2	8	6
5		2	8	6	1	4	3	7
6	1		4	3	9		2	5
	4	8		5	2		1	9
4	6	9	2		3	5	7	8
2		5	9		4	1	6	3
	3	1	5	7	6	9		

Puzzle 37

4	5	6	2	9	3	7		
9	7		4	1	8	5	6	2
8	2	1	6	5	7	4		3
	3	2	8	4	5		7	
7		4	3	6	1	2	5	8
5	1	8	9		2		3	
3			1	8			2	5
	4	5	7		9	8	1	6
1	8	9		2	6	3	4	

Puzzle 38

9	1			7	4	2		
4	3	5	9	2	6	7		8
6		2	5	8		9	4	3
3			2	4	7	1	8	
2	4			5	8	3	7	9
	5	7		3	9	4	6	2
	9		7	1	3	8	2	4
1	2	4		9			3	7
7	8				2		9	1

Puzzle 39

8	1	4			5	3	9	
5	6	9	1	4		7	8	
3	2	7	6			4		1
9	7	1	3	5		6	4	
2		6	9	7	4	1		5
	5	3	8			9	2	7
6	4		2		1	8	7	9
		8	5		9	2	1	4
	9	2	4	8	7		6	3

Puzzle 40

2	3		6		4	1	9	
1	7		3	5	8	6	4	2
4	8	6	2	1			7	5
5	1	4	9	8	7	2	3	6
	9			6	2		8	
6	2	8	5		3		1	7
9	4	2	7	3	5	8		
8	5		4	9	6	7	2	
7	6	3	8		1	4		9

Puzzle 41

9	3		7	1	2		8	
6	7	2			8		5	1
8	1	4	5	3	6	7	9	
			1	7	3	8		
7	2	8	4	6	9	1		5
3	9	1	2	8	5	4	7	6
2	6	7		5	4	9	1	3
1	5	3					4	
4	8	9		2	1	5	6	

Puzzle 42

3	6	8	1	7	5	4	2	9
1			6	3		7	8	5
2	7	5	8	4	9	6	1	3
9	3	4	2	6		5	7	
5		6		9	7	8		2
	8		4		1	9	3	6
	5	1			6	3	9	4
4	9	7		1		2	6	8
		3		8	4	1		7

Puzzle 43

2		7	5	9	3	4	8	1
3	1	5	2	4	8	9	6	7
	8	9	6	7	1		3	
6	5	2		3	4	1	7	9
	4	1	9		7		2	3
7	9		1	6	2	8	5	
	2			8	5	3		
9	7		3	1	6		4	2
5	3	6	4		9	7		8

Puzzle 44

1	3	6	9		2			8
	5	9	8	6	7	3	2	1
2	8	7	1	3	4	5	6	
	7	2	3	9	6	1		4
3			7		1	9		2
8	9	1					3	6
	1	8		4	3	2	9	5
	2	3	5	1		8	4	7
	4	5	2	7	8	6		3

Puzzle 45

6	4	1	9		3	7		
8	9	5	2	1	7	3	6	4
	3	2	5	6	4	1	8	9
5	6	7	8	4		2		3
1	8		7		2		9	
3	2	9	1	5	6		7	8
2	1	8	3	9	5		4	7
9			4		1	8		2
4	7	3		2		9		1

Puzzle 46

9	7	1	3	5		8		6
	8	6			1	4	5	3
5	3			8		9		1
1		5	8		3	6	4	9
3	4	7			9		8	2
6	9	8	2	4	5	3	1	7
4	5	2	9		6		3	8
8	1	9	5	3		2	6	
	6			2	8	1	9	

Puzzle 47

3	2	6			4	9		7
9	8	5			7		1	4
4	7				9	6		2
5	4		6		1	8	3	9
1	6	9		8	3	2	4	5
2	3			4	5	1	7	6
		4	5	2		7		
6	5	2	3	7	8	4	9	1
7	1		4	9	6	5	2	8

Puzzle 48

6	9	3	1	4	8	7	2	5
2		7	6	9		3		
8			7		2	9	1	6
5		1		8		4	3	
3	8	2		5	4	6		1
		9	3	6	1	5	8	2
	2	5	4		9	8	6	
1	3	8	5	7	6			
9	4	6	8	2	3		5	

Puzzle 49

	2	8	7	1		5	6	4
1	3	4	5				8	
6			4			1	2	3
8			3	5			7	6
7	9		6	2	1	4	3	8
2	6	3	8	4	7	9	1	
5	8		9	7	6	3	4	1
3	7	9	1	8	4	6	5	2
	1	6	2	3		8	9	7

Puzzle 50

			8		7			1
4	9	5	6	1	2	8	3	7
8	1	7	9	5		4	2	6
6		1		7	9	3	4	8
	7	4			5	9		
9	8		4	3	6	1	7	5
		9		2	8	7	5	4
7	4	3			1	2		9
5	2	8	7	9		6	1	

Puzzle 51

4	5			9		6	1	7
2	7	6		5	1	3	9	8
9	1	8	6		3		4	5
6	8	2	7	1			5	3
1		7	5	3	4	8	2	
3	4	5		8	6	1		
5	2				7	9	8	1
8	3	1	9	4	5		6	2
7	6			2	8	5		4

Puzzle 52

4	9	3				8	2	1
5	6	8	4	2	1	3	7	9
		1	9	3	8	4	5	
3	8	9	2	5		7	1	
1	2	7		9	4	5	6	
6		5	1		3	9	8	2
	3	2	7	1	5	6	4	
8	5	6		4	2		9	7
		4		8			3	5

Puzzle 53

8	3	5	2			4	6	1
9	6	1	4		3			
4	2	7	8	6		9	3	5
7	5	8				1	2	3
	4	2		1		7	8	9
3	1		7	8	2	6		
5	8	4	1	2	6	3		7
1	7			3	8	5	4	
2	9	3			4	8	1	6

Puzzle 54

2	5		8	6	1		3	7
8	7		4			6	1	5
3		1	5	7		8	4	
4	9	2	3	8		7	6	
1	8	6		4	7	3	5	9
	3	5	1	9	6	2		4
9		8		1	4		7	
6		3	7			1	9	8
5	1		9	3			2	6

Puzzle 55

1	7		8	2	3	6	9	4
2		8	9	1	4			7
9		4			5		2	1
	4		5	6	7	2	1	
	8	1	2	3		7	4	6
	2		4	8	1		5	3
8	9		1		2	3	6	5
4	5	3	7	9		1	8	2
	1	2	3		8		7	9

Puzzle 56

9	4	2		5		8	7	3
6	5		2	3			9	4
	8	1	4	9		2	5	6
2	9	5	6	7	1	3	4	
8	6	3		4		7	1	2
1		4	8	2			6	5
	1		5	6	2	4	3	9
5	3	9	7		4		2	1
4		6	3	1		5		7

Puzzle 57

		7	4		2	1	9	
2	4			9	1		8	5
	9		6			4	2	7
4	1	6			9	7	3	8
7	8	9	3	6	4	2		
	2	5	1	7	8		6	4
9	7	2		4	3	5	1	6
6	3	1		5		8	4	2
8	5	4	2	1	6	3	7	9

Puzzle 58

7			8	5	6	9		
	5	8	1					2
6		3	9	7	2	8	1	5
1	8	9	6	2		4	7	
4		7	3	1		6	5	9
3	6	5		9			8	1
5	9	1	7	8		3	2	
8	3	4	2		1	5		7
2	7		5	3	9	1	4	8

Puzzle 59

3	1	7	2	9	8	5	6	4
5	2	4	1	6	3	8		9
8	6	9	5	4	7		3	1
9	5	6	8	3	4	7	1	
1	7	8	9	2	5			3
4			7	1	6			8
	8	1	4	5	9	3		7
2	9	5		7	1			6
	4	3			2		9	

Puzzle 60

	5	9	7	6			3	
6	3	7			1	8	9	2
4		8		9	2	5	7	
8	9		4		5	1	6	3
3	4		1	2			8	
	6	1	9	8	3			5
5	7	4	2		9	6	1	
1	8		6	5	4	7	2	9
9	2	6	8	1			5	4

Puzzle 61

6	3	7		4			9	8
9		5		7	1		2	6
1		2	9	3	6	4	7	5
	6				9		8	2
5	1	9	7	2		6	3	4
2	7	8	4	6				9
8			1	5	7	2	4	3
7	2		6	8	4		5	
4			3	9	2	8	6	7

Puzzle 62

4			5	9	6				8	

4		5	9	6			8	
	7	8	1	4	5	2		9
9		2	7		3	1	5	4
7	8	9	3	1		5		6
2	4		8		6	7	9	
6	5	1			7	8	4	
		7	4	2	9	6	1	5
	2	4	6	7	1	9	3	
1	9	6	5	3		4	7	2

Puzzle 63

1	6	7	8		2	3	5	9
4		9	6	3	5	7		
3	5	2	1	7	9	6	4	8
		8	2	5		9	3	4
2		4		1			8	6
5	9				6		2	7
8		5	7	9	1	4	6	
9	3	6		2	4		7	1
7		1	3		8			5

Puzzle 64

		8		6	3	2	4	9	5
				5	8		1	6	7
4	5	6			1				2
3	7	5			9		6	2	4
6				2	7	5	3	8	1
2		8		3	4	6	7	5	9
7				9			5	4	3
8	3	9		4	5	7	2	1	6
	4	2		1	6	3			8

Puzzle 65

6			9			3		4
8	4	3		6	7	5	2	9
2	9	5		3	8	7	1	6
1				9				3
	8		2	7		9	5	
9	5	4	6		3	8	7	
4	6	9	5	8	1		3	
5		1	7	2	9	6	4	8
7	2	8	3	4	6	1	9	5

Puzzle 66

3	5		1	9	6		4	
1		2	5	3		6		7
9	6	8		2			3	5
6		4	3	5		2	8	1
		3	9		2	4	5	
2	8	5	6	4	1	3	7	9
4	7		8		9	5		3
5	2	1		7	3		6	8
8	3	9	2		5	7	1	4

Puzzle 67

7	3	8	5	9	6	2		4
2	9	1		7	4	8	5	6
6	4		1	2	8	9	7	3
5			4			1	6	9
9	6	2	7	8	1		4	
4		3	6		9	7	8	2
8	7	6	2			5		1
	5	4	9			6	2	
	2	9	8		5	4		7

Puzzle 68

8	5		9	7		3	4	1
3	1	6	8	4	2		7	5
4		9	3	1	5	8	2	6
1			5		9	6	3	2
2			1	6	4	5	9	7
	9	5	2	3	7	4	1	8
5		4	7	9	1	2	6	
		1	6	5	3			4
7		3	4	2	8	1		

Puzzle 69

3	7	9	2		4		5	
8	4		6	9			3	
2	5	6	3	1	7	9	8	4
	9	5	8	6	1	3		2
1			4	7	2	5	6	
7	6	2	9	5		4	1	8
9	1	8	5	4	6	7	2	3
	3	4	7	2		6	9	
6	2	7		3	9	8		

Puzzle 70

2	4	9	6	8		3	7	
8	5	3	1	9			2	4
	6			3	4	8	5	9
5		2	4	7	6	9		3
4	9	8		2	1	5	6	7
	3		8	5	9	4	1	2
9	8	4			2	7	3	6
1	7	5			3		4	8
3	2		7	4	8		9	5

Puzzle 71

	4		8		6		3	1
8		2	3	1			5	4
	1		5		7	6	8	2
6	7	5		8	2	3	1	9
	8	1		3	5	4	2	7
2	3	4	9	7	1	8	6	5
1	9	3		5	8	2	4	
4	5	6			3		7	8
	2	8		6	4	5	9	3

Puzzle 72

9	4	2		1	6	5	7	3
7		6	9		3	4	2	1
3	1		2			9		6
8	9	1	6	7	5		4	2
4	5		1	3	2		9	8
2		3	4	8	9	1	5	7
		8	7	9	4		6	5
5	2	4	3		8	7	1	
			5		1	8		4

Puzzle 73

9	1	6	4	5	8	3		
8		5	3	7	6	4	9	1
	4		2	1		6		5
	8	4	9		2	7	1	3
2	6	3	1	8	7		4	
	7	9	5	3		2	6	
7		8		9	3	1	2	4
	3	2		4	1		5	7
	9	1		2	5	8	3	6

Puzzle 74

4	6	1	3	9	8	7	2	
5		2	1	6		8		
9	8	3	7	5	2	6		1
7	3			8	1	4	6	2
1	4	6				5	8	
8	2	9			5	1	3	7
6		8	5	1		2	7	4
	5	4	8		9	3	1	
	1	7	4	2		9		

Puzzle 75

7		8	6	5	9	1	4	2
9	2	4		8	1	5	6	3
1	6			4	3	7	8	9
4	7			2	8	9	5	6
3	8	2		6	5	4	1	7
5	9		4		7		3	8
	4			9	6		7	5
6	5	9	8			3		1
8	1		5	3	2		9	4

Puzzle 76

9	3	8		7	1	6		
4	2	1	5	6	8	7	9	3
6	7		2	3		8	4	1
2	6	7			5	9	3	4
5	1	4	6	9	3	2		
3	8		7		4	1	5	
7		2	9	5	6			8
8			1	4		5	6	2
1	5	6	3		2	4		

Puzzle 77

	9		4	2	6	8	7	1
8	6		9	7		3	2	4
2	4	7	3	8		9	5	6
1	2	5	8	6	7		9	3
9	3	8	2		4	6	1	
6		4			9	2	8	5
3	1		5	9		7	4	8
4	8	2	7	1	3		6	
		9	6	4	8		3	

Puzzle 78

6		9	4		8			
3		4	6	5	7		8	
5	8	7	9	1	2		3	6
	6		3		9	1		7
	3	1	7	6	4	5	2	
4	7	8	1	2	5			3
1	5		8	4		3	7	
7	4	6	2	9	3	8	5	1
	9	3	5	7	1			4

Puzzle 79

	8	9	7	2		5	6	3
3	5	2	6	4	9	7	1	8
	1	6	3	5	8	4	9	
5	9			3	7	8	4	
	4				5	3		7
2	3	7	4	8	6	1	5	9
8	7	4	5	9			3	1
9		3	1		4	2	8	5
	2		8		3	9	7	4

Puzzle 80

		1	2	4	3	9		8
4		3	8	7	9	1		
7	9	8	5		1	2		
8	7	4	3			5	1	2
			1	5	2	8		7
1	5	2	4	8		6	9	
	6	5	7	3	8	4	2	1
3	8	1			4	7	6	5
2	4	7	6	1	5	3		9

Puzzle 81

7	4		1	3		5	8	
1		8	9	5	2	4	7	
	6	2	4	8	7	3		1
3	7		2	1	8	9		5
8	9		6	4		1	2	
		1		9	5	8	4	3
	5	7		2	1	6	3	9
2	8	3	5			7	1	4
	1	6		7	4	2	5	8

Puzzle 82

			2	7	9	8		3
2	7	9	8	3	5	4	1	
3	5		6		1	9	7	
	6		9	5	8		2	
5		2	3		4	7	9	1
	9	3	1			6	8	
1	3	7		8	2	5	6	9
8	2	6	5	9	3		4	7
9	4	5	7	1	6		3	8

Puzzle 83

	9	6	5	8	3		7	1
4			6		1	3	2	9
1	7	3	2	9			8	
6	3		1	4		8	5	2
5	1		3	2		6		
8	4		7		6	1	9	3
9	2	1	4	6	5	7		8
	6	4	8	3	2	9		5
3	5	8	9	1	7	2		4

Puzzle 84

2	4	6	3	8	9		5	
5	1	9	4	6			2	3
	8			2	5	9	6	
8	2	4	5	7	3	6		9
1			8	4	6	7	3	
7	6	3		1	2	4	8	
4			6	3	1	5	9	
9		1	7	5	8	2	4	6
6	5	8		9	4		7	

Puzzle 85

4	8	5			2	1	9	3
	7	6	4	3	1		2	8
2	3	1	9	8	5	6	4	
3	4	2	7	9	6	8		
7		9	3	5		2	6	4
5	6	8	1	2	4			9
1		3	5	6	7	4	8	2
6	2	4	8	1			3	
	5		2		3		1	6

Puzzle 86

1			6	5	4	3		8
4	9	5			8	1	6	2
8	6	3	2		9		4	5
3	1	6	4			5	8	9
2	5		9	8	3	6	1	4
	8	4			5	2	7	
5	3		8	9		4	2	
6	4			2	7		5	
	2		5	4	1	9	3	6

Puzzle 87

7	1	8	6	3		5	9	
	4	9			5		8	
3	5	2		8	7	6		1
8	2	6	5	4	3	1		9
	7	5	8	9	1	2	3	6
1	9	3	7		2		5	4
	3	7	2	5				8
2	8	4		1	9	7	6	5
5	6	1	4	7	8	9		3

Puzzle 88

6		1	3	5		2	7	8
3	7			8	2	5		4
5	8	2		6				9
1	6	4	9	3		7		2
8		3	2	7	1		4	6
	2	7	6		8	1	5	3
	9		5	1	6	4		7
7	1	6	4	2	3	8	9	5
4	3			9		6		1

Puzzle 89

2		9	4	1	6	5	3	8
3		5	7	2	9	4	1	6
1	6	4		5	8	9	2	7
5	3	7	8	4				9
	1	2	6	9	5		7	4
	9	6	2	7				5
9	5	3	1	8	7	6		2
					2	8		3
		8	9		4	7	5	1

Puzzle 90

3		1			2	7	9	6
2	9	4	3		6			
	8	6	5	1	9		4	
5	2	9	4	8	1	3	6	7
1	6		9	5	3	8	2	4
8	4	3	2	6	7	9	1	
4	3	8		9	5		7	2
6		5	7	2	8	4	3	
9	7				4	5		1

Puzzle 91

8	3			1	9		6	
4		9	6	7	5	2		8
6	5	2	4	3	8	7	9	1
	6	3	9	8	7			
1		4	3	5	6	8	7	9
9		8	1	4				6
7	9	6	8	2			1	5
	4	5	7	6		9	8	
3	8		5	9	4	6	2	7

Puzzle 92

6	1	7	4	9	8	2	3	5
	5	2					7	9
3		9	5	2		6	4	1
7	4	3	1	5				6
5	9	6		8	3	4	1	2
1	2	8	6	4	9			7
9		1			4	5		3
8		5	2	3	1	7		
2	3	4	9			1		8

Puzzle 93

3	6		5	8		4	2	
	5	2	7	4	1	9		6
4			6	3	2	8	7	5
7		6	8	5	3			
9	8	4	2		7	5		3
1	3	5	4			2	8	
	4	9	3		8		1	2
6		8	1	2	4	3	5	9
2	1	3	9	6	5			

Puzzle 94

6	2	8	3			9	5	
3	7	4	2		9		6	1
5	9	1		8	6		3	7
1	5	7	9	4	3	6	8	2
9	4	6	7	2		5	1	3
8		2	5	6				9
7	6	9	1			4	2	8
	8	3			4	1		5
4	1		8	9		3	7	6

Puzzle 95

	1	6	7	9	4			3
9	3	5	1	6	8	4	7	2
7	4		5	3	2	9		6
	8		3			6		9
	7	2	4		9	1	3	5
5		3	6	2	1	7	4	8
8	2	1		5	7		6	
	5		8	4	6	2	9	1
4			2	1	3	5		7

Puzzle 96

	3	6	5	9	4	1	7	2
4	9		3		1	6	8	
	1	5	7	8	6	3		4
1		9		5	3	7		8
7	8	2	4	1	9	5	3	6
	6	3	2	7			4	1
9	5	8	1	4	7	2		3
3	7	1					4	9
6	2	4		3		8	1	7

Puzzle 97

4	6	5		8	9			7
	7		4			9	2	6
2			6		7		4	5
8		7	5	9	6	1	3	4
9	5		1	3	8	6	7	2
3	1	6		4		5	8	9
7	8	3	9	2	5		6	1
6		1	8	7		2	5	
5	4	2		6		7	9	8

Puzzle 98

4	5		9	3	1	7	8	6
		8	4	5	7		3	1
1	3			8	6		5	9
9	8	1	3				6	7
3		4	7	6	5	9	1	8
5	7	6	8	1	9	3		2
2	1	5	6		3		7	4
				4	8	1		
	4	3	1	7	2	6		5

Puzzle 99

1			2	3	8	9	4	6
	4	6	1	7	9	5	2	
2	8		4	6	5		3	
6	9	1	3	5	2	7	8	
	7	3	9	8	6	2		
	2	8		1	4	3	6	
7		4	6		1		5	
8	1	2		4	7	6		3
9	6	5	8		3	4	7	1

Puzzle 100

	3			9	7	1	5	6
2	6	1	4	3	5	9	8	7
7	5	9	8	6	1	2		
	2	3			4		9	8
6	7	8	1		9		2	3
	9	5	3	8	2	7	6	
	4	6		2	3	8	1	5
3	1	2		4	8	6	7	9
5		7	9			3	4	2

Solutions:

Puzzle 1

2	7	5	1	9	6	8	3	4
8	1	3	4	2	7	6	5	9
4	6	9	3	5	8	1	2	7
6	2	1	7	8	5	4	9	3
7	5	4	6	3	9	2	8	1
9	3	8	2	1	4	5	7	6
5	8	7	9	4	1	3	6	2
3	4	6	5	7	2	9	1	8
1	9	2	8	6	3	7	4	5

Puzzle 2

4	1	9	3	2	6	8	7	5
7	2	3	8	4	5	1	9	6
6	5	8	9	7	1	2	3	4
2	4	1	6	3	7	9	5	8
9	6	7	2	5	8	3	4	1
3	8	5	4	1	9	6	2	7
5	7	2	1	8	3	4	6	9
8	3	6	7	9	4	5	1	2
1	9	4	5	6	2	7	8	3

Puzzle 3

4	5	6	3	8	2	7	9	1
1	7	3	4	6	9	8	2	5
8	9	2	7	1	5	6	3	4
5	2	9	1	7	4	3	6	8
7	8	1	9	3	6	4	5	2
3	6	4	2	5	8	9	1	7
2	4	5	6	9	7	1	8	3
6	1	7	8	2	3	5	4	9
9	3	8	5	4	1	2	7	6

Puzzle 4

9	7	3	2	4	5	8	6	1
5	2	4	8	1	6	3	9	7
6	1	8	9	3	7	2	5	4
1	4	2	7	6	9	5	8	3
7	8	9	3	5	2	4	1	6
3	5	6	4	8	1	9	7	2
8	6	1	5	2	3	7	4	9
4	3	7	6	9	8	1	2	5
2	9	5	1	7	4	6	3	8

Puzzle 5

6	5	1	4	9	2	8	3	7
8	4	3	6	1	7	9	5	2
7	9	2	5	3	8	1	6	4
9	7	6	1	8	4	3	2	5
3	2	8	9	7	5	4	1	6
5	1	4	2	6	3	7	9	8
2	8	9	7	5	1	6	4	3
1	3	5	8	4	6	2	7	9
4	6	7	3	2	9	5	8	1

Puzzle 6

2	6	9	3	4	7	1	8	5
1	5	7	6	2	8	9	4	3
4	8	3	1	5	9	7	6	2
3	9	4	5	8	1	6	2	7
7	2	8	4	3	6	5	9	1
6	1	5	9	7	2	8	3	4
5	3	6	8	1	4	2	7	9
8	4	2	7	9	5	3	1	6
9	7	1	2	6	3	4	5	8

Puzzle 7

4	9	8	2	7	5	6	3	1
3	5	6	8	4	1	9	2	7
1	7	2	9	6	3	4	8	5
9	3	7	5	2	6	8	1	4
8	1	4	7	3	9	5	6	2
6	2	5	4	1	8	3	7	9
5	8	3	1	9	2	7	4	6
2	4	9	6	8	7	1	5	3
7	6	1	3	5	4	2	9	8

Puzzle 8

5	8	9	2	7	3	6	4	1
4	1	3	5	9	6	7	2	8
2	7	6	4	1	8	3	5	9
8	5	1	9	3	7	4	6	2
7	6	2	8	5	4	9	1	3
9	3	4	1	6	2	5	8	7
1	9	8	3	4	5	2	7	6
3	4	7	6	2	1	8	9	5
6	2	5	7	8	9	1	3	4

Puzzle 9

4	9	1	3	6	5	7	2	8
5	8	2	1	9	7	6	3	4
7	6	3	4	8	2	9	5	1
1	3	7	2	4	6	5	8	9
6	4	8	5	7	9	3	1	2
2	5	9	8	1	3	4	7	6
3	2	6	9	5	1	8	4	7
8	7	5	6	2	4	1	9	3
9	1	4	7	3	8	2	6	5

Puzzle 10

4	1	8	2	5	3	9	7	6
6	7	9	1	4	8	2	5	3
5	2	3	6	7	9	4	1	8
8	6	2	4	9	5	1	3	7
9	3	5	7	8	1	6	4	2
7	4	1	3	2	6	5	8	9
3	9	6	8	1	4	7	2	5
2	5	4	9	3	7	8	6	1
1	8	7	5	6	2	3	9	4

Puzzle 11

3	5	8	9	2	7	6	4	1
2	1	9	5	4	6	8	7	3
4	7	6	1	3	8	5	2	9
8	2	7	6	5	1	9	3	4
6	3	1	7	9	4	2	5	8
9	4	5	3	8	2	1	6	7
1	6	2	4	7	9	3	8	5
5	8	4	2	1	3	7	9	6
7	9	3	8	6	5	4	1	2

Puzzle 12

2	9	4	3	6	1	5	8	7
5	6	3	4	7	8	2	9	1
1	7	8	5	2	9	4	3	6
6	2	9	1	8	4	3	7	5
8	5	7	6	3	2	9	1	4
4	3	1	9	5	7	8	6	2
9	4	2	8	1	6	7	5	3
7	1	5	2	9	3	6	4	8
3	8	6	7	4	5	1	2	9

Puzzle 13

3	4	8	6	2	7	9	1	5
2	5	7	8	1	9	3	6	4
9	1	6	5	4	3	7	2	8
5	7	3	9	6	8	1	4	2
8	9	2	4	3	1	6	5	7
4	6	1	2	7	5	8	3	9
6	2	9	1	8	4	5	7	3
7	8	4	3	5	6	2	9	1
1	3	5	7	9	2	4	8	6

Puzzle 14

6	2	4	3	9	5	7	1	8
5	3	8	6	1	7	9	4	2
1	7	9	2	8	4	5	6	3
8	9	7	4	3	1	6	2	5
4	6	1	9	5	2	3	8	7
3	5	2	8	7	6	1	9	4
9	4	5	7	6	8	2	3	1
7	8	3	1	2	9	4	5	6
2	1	6	5	4	3	8	7	9

Puzzle 15

4	1	3	2	8	7	5	6	9
6	5	2	1	9	3	7	4	8
8	7	9	5	4	6	2	3	1
1	2	5	3	7	9	4	8	6
7	4	8	6	2	1	3	9	5
9	3	6	4	5	8	1	7	2
5	9	1	7	6	4	8	2	3
2	6	4	8	3	5	9	1	7
3	8	7	9	1	2	6	5	4

Puzzle 16

2	4	5	1	3	6	9	7	8
3	7	8	2	4	9	1	5	6
1	9	6	5	7	8	3	2	4
6	5	9	4	1	7	2	8	3
4	1	3	8	9	2	7	6	5
8	2	7	6	5	3	4	9	1
9	8	1	7	6	4	5	3	2
5	3	2	9	8	1	6	4	7
7	6	4	3	2	5	8	1	9

Puzzle 17

2	6	4	9	8	3	5	1	7
3	5	8	1	7	4	6	9	2
9	1	7	5	2	6	3	8	4
6	8	1	7	9	5	4	2	3
5	4	3	2	6	8	9	7	1
7	9	2	4	3	1	8	6	5
4	7	6	3	1	9	2	5	8
8	2	5	6	4	7	1	3	9
1	3	9	8	5	2	7	4	6

Puzzle 18

3	4	1	6	9	5	2	8	7
2	9	8	7	4	1	5	3	6
5	7	6	3	2	8	9	4	1
4	1	7	5	6	2	3	9	8
6	3	5	9	8	4	7	1	2
8	2	9	1	3	7	6	5	4
1	6	3	4	7	9	8	2	5
7	5	2	8	1	3	4	6	9
9	8	4	2	5	6	1	7	3

Puzzle 19

7	9	3	4	5	6	2	1	8
2	5	4	9	1	8	7	3	6
8	6	1	2	3	7	4	5	9
4	8	6	3	9	1	5	2	7
5	1	9	8	7	2	3	6	4
3	7	2	5	6	4	9	8	1
1	2	8	7	4	5	6	9	3
6	3	7	1	2	9	8	4	5
9	4	5	6	8	3	1	7	2

Puzzle 20

6	7	2	5	3	4	8	1	9
8	9	3	7	1	6	2	4	5
1	4	5	9	2	8	6	3	7
7	1	4	6	9	5	3	8	2
5	2	8	3	7	1	9	6	4
3	6	9	4	8	2	7	5	1
9	3	6	1	5	7	4	2	8
4	8	1	2	6	9	5	7	3
2	5	7	8	4	3	1	9	6

Puzzle 21

1	2	4	7	6	9	8	3	5
5	3	7	4	8	2	1	9	6
6	9	8	1	5	3	2	7	4
9	1	5	6	4	7	3	2	8
7	8	2	3	9	5	6	4	1
4	6	3	8	2	1	9	5	7
8	7	9	5	3	6	4	1	2
2	4	1	9	7	8	5	6	3
3	5	6	2	1	4	7	8	9

Puzzle 22

5	3	1	4	9	2	8	6	7
8	2	9	1	6	7	5	4	3
6	4	7	5	3	8	1	9	2
7	6	8	9	4	5	2	3	1
3	1	4	2	7	6	9	5	8
2	9	5	3	8	1	6	7	4
1	7	3	6	2	9	4	8	5
4	5	6	8	1	3	7	2	9
9	8	2	7	5	4	3	1	6

Puzzle 23

4	3	7	2	9	5	8	1	6
2	5	8	3	6	1	4	7	9
9	1	6	7	4	8	2	5	3
6	7	4	1	3	2	5	9	8
3	2	9	8	5	4	7	6	1
1	8	5	6	7	9	3	4	2
7	9	1	4	2	3	6	8	5
8	6	2	5	1	7	9	3	4
5	4	3	9	8	6	1	2	7

Puzzle 24

4	2	3	7	6	1	5	8	9
5	6	7	8	4	9	1	3	2
8	1	9	5	3	2	4	6	7
9	4	5	3	8	7	6	2	1
1	7	6	9	2	5	3	4	8
2	3	8	6	1	4	9	7	5
6	8	2	1	5	3	7	9	4
3	9	1	4	7	8	2	5	6
7	5	4	2	9	6	8	1	3

Puzzle 25

6	7	1	3	4	9	8	5	2
2	9	4	6	5	8	7	3	1
8	5	3	2	7	1	6	4	9
5	8	7	4	2	6	9	1	3
9	1	6	5	8	3	4	2	7
4	3	2	1	9	7	5	8	6
1	6	5	9	3	4	2	7	8
7	4	9	8	1	2	3	6	5
3	2	8	7	6	5	1	9	4

Puzzle 26

1	3	7	5	2	9	4	8	6
9	4	6	8	3	1	5	2	7
5	2	8	7	4	6	3	9	1
7	9	5	3	8	2	1	6	4
6	8	2	4	1	5	7	3	9
3	1	4	6	9	7	8	5	2
2	7	9	1	5	8	6	4	3
4	5	1	9	6	3	2	7	8
8	6	3	2	7	4	9	1	5

Puzzle 27

2	6	1	5	9	7	3	8	4
8	7	9	6	4	3	5	2	1
3	5	4	8	1	2	7	6	9
5	1	3	7	8	6	4	9	2
9	8	6	2	5	4	1	3	7
7	4	2	9	3	1	8	5	6
4	2	8	3	7	9	6	1	5
1	9	5	4	6	8	2	7	3
6	3	7	1	2	5	9	4	8

Puzzle 28

5	6	1	3	7	8	9	2	4
7	3	2	4	9	1	6	8	5
8	4	9	6	5	2	3	7	1
4	9	8	2	6	5	7	1	3
3	1	6	9	4	7	2	5	8
2	5	7	8	1	3	4	6	9
1	8	4	7	2	9	5	3	6
9	2	3	5	8	6	1	4	7
6	7	5	1	3	4	8	9	2

Puzzle 29

7	1	9	4	8	3	2	6	5
4	5	3	1	6	2	8	7	9
8	2	6	7	9	5	1	3	4
2	9	5	6	4	8	3	1	7
6	4	1	2	3	7	5	9	8
3	8	7	9	5	1	4	2	6
9	6	8	3	2	4	7	5	1
1	3	4	5	7	6	9	8	2
5	7	2	8	1	9	6	4	3

Puzzle 30

7	9	6	3	1	5	2	8	4
5	2	8	6	9	4	1	3	7
4	1	3	2	8	7	9	6	5
8	3	9	4	7	2	5	1	6
6	5	4	1	3	8	7	2	9
2	7	1	5	6	9	3	4	8
1	8	5	9	2	6	4	7	3
3	4	7	8	5	1	6	9	2
9	6	2	7	4	3	8	5	1

Puzzle 31

4	9	8	5	1	3	7	2	6
2	3	6	9	8	7	4	5	1
5	1	7	4	6	2	9	8	3
6	4	9	2	7	5	1	3	8
1	7	5	8	3	4	6	9	2
8	2	3	1	9	6	5	4	7
7	8	1	3	5	9	2	6	4
3	5	2	6	4	1	8	7	9
9	6	4	7	2	8	3	1	5

Puzzle 32

2	7	3	1	4	5	8	6	9
4	9	8	6	7	2	5	3	1
1	6	5	9	8	3	7	2	4
7	1	6	3	5	8	4	9	2
9	3	2	4	6	7	1	5	8
5	8	4	2	9	1	3	7	6
8	5	9	7	2	4	6	1	3
6	4	1	5	3	9	2	8	7
3	2	7	8	1	6	9	4	5

Puzzle 33

5	9	2	3	6	8	1	7	4
4	7	3	1	9	5	8	6	2
1	8	6	2	4	7	9	3	5
9	3	7	6	1	4	2	5	8
8	1	4	5	2	3	6	9	7
6	2	5	7	8	9	3	4	1
7	6	1	9	5	2	4	8	3
3	4	9	8	7	1	5	2	6
2	5	8	4	3	6	7	1	9

Puzzle 34

3	2	5	7	9	1	8	4	6
7	4	6	3	5	8	9	2	1
1	9	8	4	6	2	5	7	3
9	5	1	2	4	6	3	8	7
4	7	2	5	8	3	6	1	9
8	6	3	9	1	7	4	5	2
2	8	4	1	3	9	7	6	5
6	1	9	8	7	5	2	3	4
5	3	7	6	2	4	1	9	8

Puzzle 35

2	5	6	9	7	3	4	8	1
4	7	1	5	2	8	9	6	3
8	9	3	4	6	1	5	2	7
5	3	7	2	9	6	1	4	8
1	8	9	3	4	5	2	7	6
6	4	2	1	8	7	3	5	9
7	1	4	8	3	2	6	9	5
9	6	5	7	1	4	8	3	2
3	2	8	6	5	9	7	1	4

Puzzle 36

9	2	3	6	4	8	7	5	1
7	8	6	1	2	5	3	9	4
1	5	4	3	9	7	2	8	6
5	9	2	8	6	1	4	3	7
6	1	7	4	3	9	8	2	5
3	4	8	7	5	2	6	1	9
4	6	9	2	1	3	5	7	8
2	7	5	9	8	4	1	6	3
8	3	1	5	7	6	9	4	2

Puzzle 37

4	5	6	2	9	3	7	8	1
9	7	3	4	1	8	5	6	2
8	2	1	6	5	7	4	9	3
6	3	2	8	4	5	1	7	9
7	9	4	3	6	1	2	5	8
5	1	8	9	7	2	6	3	4
3	6	7	1	8	4	9	2	5
2	4	5	7	3	9	8	1	6
1	8	9	5	2	6	3	4	7

Puzzle 38

9	1	8	3	7	4	2	5	6
4	3	5	9	2	6	7	1	8
6	7	2	5	8	1	9	4	3
3	6	9	2	4	7	1	8	5
2	4	1	6	5	8	3	7	9
8	5	7	1	3	9	4	6	2
5	9	6	7	1	3	8	2	4
1	2	4	8	9	5	6	3	7
7	8	3	4	6	2	5	9	1

Puzzle 39

8	1	4	7	2	5	3	9	6
5	6	9	1	4	3	7	8	2
3	2	7	6	9	8	4	5	1
9	7	1	3	5	2	6	4	8
2	8	6	9	7	4	1	3	5
4	5	3	8	1	6	9	2	7
6	4	5	2	3	1	8	7	9
7	3	8	5	6	9	2	1	4
1	9	2	4	8	7	5	6	3

Puzzle 40

2	3	5	6	7	4	1	9	8
1	7	9	3	5	8	6	4	2
4	8	6	2	1	9	3	7	5
5	1	4	9	8	7	2	3	6
3	9	7	1	6	2	5	8	4
6	2	8	5	4	3	9	1	7
9	4	2	7	3	5	8	6	1
8	5	1	4	9	6	7	2	3
7	6	3	8	2	1	4	5	9

Puzzle 41

9	3	5	7	1	2	6	8	4
6	7	2	9	4	8	3	5	1
8	1	4	5	3	6	7	9	2
5	4	6	1	7	3	8	2	9
7	2	8	4	6	9	1	3	5
3	9	1	2	8	5	4	7	6
2	6	7	8	5	4	9	1	3
1	5	3	6	9	7	2	4	8
4	8	9	3	2	1	5	6	7

Puzzle 42

3	6	8	1	7	5	4	2	9
1	4	9	6	3	2	7	8	5
2	7	5	8	4	9	6	1	3
9	3	4	2	6	8	5	7	1
5	1	6	3	9	7	8	4	2
7	8	2	4	5	1	9	3	6
8	5	1	7	2	6	3	9	4
4	9	7	5	1	3	2	6	8
6	2	3	9	8	4	1	5	7

Puzzle 43

2	6	7	5	9	3	4	8	1
3	1	5	2	4	8	9	6	7
4	8	9	6	7	1	2	3	5
6	5	2	8	3	4	1	7	9
8	4	1	9	5	7	6	2	3
7	9	3	1	6	2	8	5	4
1	2	4	7	8	5	3	9	6
9	7	8	3	1	6	5	4	2
5	3	6	4	2	9	7	1	8

Puzzle 44

1	3	6	9	5	2	4	7	8
4	5	9	8	6	7	3	2	1
2	8	7	1	3	4	5	6	9
5	7	2	3	9	6	1	8	4
3	6	4	7	8	1	9	5	2
8	9	1	4	2	5	7	3	6
7	1	8	6	4	3	2	9	5
6	2	3	5	1	9	8	4	7
9	4	5	2	7	8	6	1	3

Puzzle 45

6	4	1	9	8	3	7	2	5
8	9	5	2	1	7	3	6	4
7	3	2	5	6	4	1	8	9
5	6	7	8	4	9	2	1	3
1	8	4	7	3	2	5	9	6
3	2	9	1	5	6	4	7	8
2	1	8	3	9	5	6	4	7
9	5	6	4	7	1	8	3	2
4	7	3	6	2	8	9	5	1

Puzzle 46

9	7	1	3	5	4	8	2	6
2	8	6	7	9	1	4	5	3
5	3	4	6	8	2	9	7	1
1	2	5	8	7	3	6	4	9
3	4	7	1	6	9	5	8	2
6	9	8	2	4	5	3	1	7
4	5	2	9	1	6	7	3	8
8	1	9	5	3	7	2	6	4
7	6	3	4	2	8	1	9	5

Puzzle 47

3	2	6	1	5	4	9	8	7
9	8	5	2	6	7	3	1	4
4	7	1	8	3	9	6	5	2
5	4	7	6	1	2	8	3	9
1	6	9	7	8	3	2	4	5
2	3	8	9	4	5	1	7	6
8	9	4	5	2	1	7	6	3
6	5	2	3	7	8	4	9	1
7	1	3	4	9	6	5	2	8

Puzzle 48

6	9	3	1	4	8	7	2	5
2	1	7	6	9	5	3	4	8
8	5	4	7	3	2	9	1	6
5	6	1	2	8	7	4	3	9
3	8	2	9	5	4	6	7	1
4	7	9	3	6	1	5	8	2
7	2	5	4	1	9	8	6	3
1	3	8	5	7	6	2	9	4
9	4	6	8	2	3	1	5	7

Puzzle 49

9	2	8	7	1	3	5	6	4
1	3	4	5	6	2	7	8	9
6	5	7	4	9	8	1	2	3
8	4	1	3	5	9	2	7	6
7	9	5	6	2	1	4	3	8
2	6	3	8	4	7	9	1	5
5	8	2	9	7	6	3	4	1
3	7	9	1	8	4	6	5	2
4	1	6	2	3	5	8	9	7

Puzzle 50

2	3	6	8	4	7	5	9	1
4	9	5	6	1	2	8	3	7
8	1	7	9	5	3	4	2	6
6	5	1	2	7	9	3	4	8
3	7	4	1	8	5	9	6	2
9	8	2	4	3	6	1	7	5
1	6	9	3	2	8	7	5	4
7	4	3	5	6	1	2	8	9
5	2	8	7	9	4	6	1	3

Puzzle 51

4	5	3	8	9	2	6	1	7
2	7	6	4	5	1	3	9	8
9	1	8	6	7	3	2	4	5
6	8	2	7	1	9	4	5	3
1	9	7	5	3	4	8	2	6
3	4	5	2	8	6	1	7	9
5	2	4	3	6	7	9	8	1
8	3	1	9	4	5	7	6	2
7	6	9	1	2	8	5	3	4

Puzzle 52

4	9	3	5	6	7	8	2	1
5	6	8	4	2	1	3	7	9
2	7	1	9	3	8	4	5	6
3	8	9	2	5	6	7	1	4
1	2	7	8	9	4	5	6	3
6	4	5	1	7	3	9	8	2
9	3	2	7	1	5	6	4	8
8	5	6	3	4	2	1	9	7
7	1	4	6	8	9	2	3	5

Puzzle 53

8	3	5	2	9	7	4	6	1
9	6	1	4	5	3	2	7	8
4	2	7	8	6	1	9	3	5
7	5	8	6	4	9	1	2	3
6	4	2	3	1	5	7	8	9
3	1	9	7	8	2	6	5	4
5	8	4	1	2	6	3	9	7
1	7	6	9	3	8	5	4	2
2	9	3	5	7	4	8	1	6

Puzzle 54

2	5	4	8	6	1	9	3	7
8	7	9	4	2	3	6	1	5
3	6	1	5	7	9	8	4	2
4	9	2	3	8	5	7	6	1
1	8	6	2	4	7	3	5	9
7	3	5	1	9	6	2	8	4
9	2	8	6	1	4	5	7	3
6	4	3	7	5	2	1	9	8
5	1	7	9	3	8	4	2	6

Puzzle 55

1	7	5	8	2	3	6	9	4
2	6	8	9	1	4	5	3	7
9	3	4	6	7	5	8	2	1
3	4	9	5	6	7	2	1	8
5	8	1	2	3	9	7	4	6
7	2	6	4	8	1	9	5	3
8	9	7	1	4	2	3	6	5
4	5	3	7	9	6	1	8	2
6	1	2	3	5	8	4	7	9

Puzzle 56

9	4	2	1	5	6	8	7	3
6	5	7	2	3	8	1	9	4
3	8	1	4	9	7	2	5	6
2	9	5	6	7	1	3	4	8
8	6	3	9	4	5	7	1	2
1	7	4	8	2	3	9	6	5
7	1	8	5	6	2	4	3	9
5	3	9	7	8	4	6	2	1
4	2	6	3	1	9	5	8	7

Puzzle 57

5	6	7	4	8	2	1	9	3
2	4	3	7	9	1	6	8	5
1	9	8	6	3	5	4	2	7
4	1	6	5	2	9	7	3	8
7	8	9	3	6	4	2	5	1
3	2	5	1	7	8	9	6	4
9	7	2	8	4	3	5	1	6
6	3	1	9	5	7	8	4	2
8	5	4	2	1	6	3	7	9

Puzzle 58

7	1	2	8	5	6	9	3	4
9	5	8	1	4	3	7	6	2
6	4	3	9	7	2	8	1	5
1	8	0	0	2	5	4	7	3
4	2	7	3	1	8	6	5	9
3	6	5	4	9	7	2	8	1
5	9	1	7	8	4	3	2	6
8	3	4	2	6	1	5	9	7
2	7	6	5	3	9	1	4	8

Puzzle 59

3	1	7	2	9	8	5	6	4
5	2	4	1	6	3	8	7	9
8	6	9	5	4	7	2	3	1
9	5	6	8	3	4	7	1	2
1	7	8	9	2	5	6	4	3
4	3	2	7	1	6	9	5	8
6	8	1	4	5	9	3	2	7
2	9	5	3	7	1	4	8	6
7	4	3	6	8	2	1	9	5

Puzzle 60

2	5	9	7	6	8	4	3	1
6	3	7	5	4	1	8	9	2
4	1	8	3	9	2	5	7	6
8	9	2	4	7	5	1	6	3
3	4	5	1	2	6	9	8	7
7	6	1	9	8	3	2	4	5
5	7	4	2	3	9	6	1	8
1	8	3	6	5	4	7	2	9
9	2	6	8	1	7	3	5	4

Puzzle 61

6	3	7	2	4	5	1	9	8
9	4	5	8	7	1	3	2	6
1	8	2	9	3	6	4	7	5
3	6	4	5	1	9	7	8	2
5	1	9	7	2	8	6	3	4
2	7	8	4	6	3	5	1	9
8	9	6	1	5	7	2	4	3
7	2	3	6	8	4	9	5	1
4	5	1	3	9	2	8	6	7

Puzzle 62

4	1	5	9	6	2	3	8	7
3	7	8	1	4	5	2	6	9
9	6	2	7	8	3	1	5	4
7	8	9	3	1	4	5	2	6
2	4	3	8	5	6	7	9	1
6	5	1	2	9	7	8	4	3
8	3	7	4	2	9	6	1	5
5	2	4	6	7	1	9	3	8
1	9	6	5	3	8	4	7	2

Puzzle 63

1	6	7	8	4	2	3	5	9
4	8	9	6	3	5	7	1	2
3	5	2	1	7	9	6	4	8
6	1	8	2	5	7	9	3	4
2	7	4	9	1	3	5	8	6
5	9	3	4	8	6	1	2	7
8	2	5	7	9	1	4	6	3
9	3	6	5	2	4	8	7	1
7	4	1	3	6	8	2	9	5

Puzzle 64

1	8	7	6	3	2	4	9	5
9	2	3	5	8	4	1	6	7
4	5	6	7	1	9	8	3	2
3	7	5	8	9	1	6	2	4
6	9	4	2	7	5	3	8	1
2	1	8	3	4	6	7	5	9
7	6	1	9	2	8	5	4	3
8	3	9	4	5	7	2	1	6
5	4	2	1	6	3	9	7	8

Puzzle 65

6	1	7	9	5	2	3	8	4
8	4	3	1	6	7	5	2	9
2	9	5	4	3	8	7	1	6
1	7	2	8	9	5	4	6	3
3	8	6	2	7	4	9	5	1
9	5	4	6	1	3	8	7	2
4	6	9	5	8	1	2	3	7
5	3	1	7	2	9	6	4	8
7	2	8	3	4	6	1	9	5

Puzzle 66

3	5	7	1	9	6	8	4	2
1	4	2	5	3	8	6	9	7
9	6	8	7	2	4	1	3	5
6	9	4	3	5	7	2	8	1
7	1	3	9	8	2	4	5	6
2	8	5	6	4	1	3	7	9
4	7	6	8	1	9	5	2	3
5	2	1	4	7	3	9	6	8
8	3	9	2	6	5	7	1	4

Puzzle 67

7	3	8	5	9	6	2	1	4
2	9	1	3	7	4	8	5	6
6	4	5	1	2	8	9	7	3
5	8	7	4	3	2	1	6	9
9	6	2	7	8	1	3	4	5
4	1	3	6	5	9	7	8	2
8	7	6	2	4	3	5	9	1
3	5	4	9	1	7	6	2	8
1	2	9	8	6	5	4	3	7

Puzzle 68

8	5	2	9	7	6	3	4	1
3	1	6	8	4	2	9	7	5
4	7	9	3	1	5	8	2	6
1	4	7	5	8	9	6	3	2
2	3	8	1	6	4	5	9	7
6	9	5	2	3	7	4	1	8
5	8	4	7	9	1	2	6	3
9	2	1	6	5	3	7	8	4
7	6	3	4	2	8	1	5	9

Puzzle 69

3	7	9	2	8	4	1	5	6
8	4	1	6	9	5	2	3	7
2	5	6	3	1	7	9	8	4
4	9	5	8	6	1	3	7	2
1	8	3	4	7	2	5	6	9
7	6	2	9	5	3	4	1	8
9	1	8	5	4	6	7	2	3
5	3	4	7	2	8	6	9	1
6	2	7	1	3	9	8	4	5

Puzzle 70

2	4	9	6	8	5	3	7	1
8	5	3	1	9	7	6	2	4
7	6	1	2	3	4	8	5	9
5	1	2	4	7	6	9	8	3
4	9	8	3	2	1	5	6	7
6	3	7	8	5	9	4	1	2
9	8	4	5	1	2	7	3	6
1	7	5	9	6	3	2	4	8
3	2	6	7	4	8	1	9	5

Puzzle 71

5	4	7	8	2	6	9	3	1
8	6	2	3	1	9	7	5	4
3	1	9	5	4	7	6	8	2
6	7	5	4	8	2	3	1	9
9	8	1	6	3	5	4	2	7
2	3	4	9	7	1	8	6	5
1	9	3	7	5	8	2	4	6
4	5	6	2	9	3	1	7	8
7	2	8	1	6	4	5	9	3

Puzzle 72

9	4	2	8	1	6	5	7	3
7	8	6	9	5	3	4	2	1
3	1	5	2	4	7	9	8	6
8	9	1	6	7	5	3	4	2
4	5	7	1	3	2	6	9	8
2	6	3	4	8	9	1	5	7
1	3	8	7	9	4	2	6	5
5	2	4	3	6	8	7	1	9
6	7	9	5	2	1	8	3	4

Puzzle 73

9	1	6	4	5	8	3	7	2
8	2	5	3	7	6	4	9	1
3	4	7	2	1	9	6	8	5
5	8	4	9	6	2	7	1	3
2	6	3	1	8	7	5	4	9
1	7	9	5	3	4	2	6	8
7	5	8	6	9	3	1	2	4
6	3	2	8	4	1	9	5	7
4	9	1	7	2	5	8	3	6

Puzzle 74

4	6	1	3	9	8	7	2	5
5	7	2	1	6	4	8	9	3
9	8	3	7	5	2	6	4	1
7	3	5	9	8	1	4	6	2
1	4	6	2	3	7	5	8	9
8	2	9	6	4	5	1	3	7
6	9	8	5	1	3	2	7	4
2	5	4	8	7	9	3	1	6
3	1	7	4	2	6	9	5	8

Puzzle 75

7	3	8	6	5	9	1	4	2
9	2	4	7	8	1	5	6	3
1	6	5	2	4	3	7	8	9
4	7	1	3	2	8	9	5	6
3	8	2	9	6	5	4	1	7
5	9	6	4	1	7	2	3	8
2	4	3	1	9	6	8	7	5
6	5	9	8	7	4	3	2	1
8	1	7	5	3	2	6	9	4

Puzzle 76

9	3	8	4	7	1	6	2	5
4	2	1	5	6	8	7	9	3
6	7	5	2	3	9	8	4	1
2	6	7	8	1	5	9	3	4
5	1	4	6	9	3	2	8	7
3	8	9	7	2	4	1	5	6
7	4	2	9	5	6	3	1	8
8	9	3	1	4	7	5	6	2
1	5	6	3	8	2	4	7	9

Puzzle 77

5	9	3	4	2	6	8	7	1
8	6	1	9	7	5	3	2	4
2	4	7	3	8	1	9	5	6
1	2	5	8	6	7	4	9	3
9	3	8	2	5	4	6	1	7
6	7	4	1	3	9	2	8	5
3	1	6	5	9	2	7	4	8
4	8	2	7	1	3	5	6	9
7	5	9	6	4	8	1	3	2

Puzzle 78

6	2	9	4	3	8	7	1	5
3	1	4	6	5	7	9	8	2
5	8	7	9	1	2	4	3	6
2	6	5	3	8	9	1	4	7
9	3	1	7	6	4	5	2	8
4	7	8	1	2	5	6	9	3
1	5	2	8	4	6	3	7	9
7	4	6	2	9	3	8	5	1
8	9	3	5	7	1	2	6	4

Puzzle 79

4	8	9	7	2	1	5	6	3
3	5	2	6	4	9	7	1	8
7	1	6	3	5	8	4	9	2
5	9	1	2	3	7	8	4	6
6	4	8	9	1	5	3	2	7
2	3	7	4	8	6	1	5	9
8	7	4	5	9	2	6	3	1
9	6	3	1	7	4	2	8	5
1	2	5	8	6	3	9	7	4

Puzzle 80

5	1	6	2	4	3	9	7	8
4	2	3	8	7	9	1	5	6
7	9	8	5	6	1	2	3	4
8	7	4	3	9	6	5	1	2
6	3	9	1	5	2	8	4	7
1	5	2	4	8	7	6	9	3
9	6	5	7	3	8	4	2	1
3	8	1	9	2	4	7	6	5
2	4	7	6	1	5	3	8	9

Puzzle 81

7	4	9	1	3	6	5	8	2
1	3	8	9	5	2	4	7	6
5	6	2	4	8	7	3	9	1
3	7	4	2	1	8	9	6	5
8	9	5	6	4	3	1	2	7
6	2	1	7	9	5	8	4	3
4	5	7	8	2	1	6	3	9
2	8	3	5	6	9	7	1	4
9	1	6	3	7	4	2	5	8

Puzzle 82

6	1	4	2	7	9	8	5	3
2	7	9	8	3	5	4	1	6
3	5	8	6	4	1	9	7	2
7	6	1	9	5	8	3	2	4
5	8	2	3	6	4	7	9	1
4	9	3	1	2	7	6	8	5
1	3	7	4	8	2	5	6	9
8	2	6	5	9	3	1	4	7
9	4	5	7	1	6	2	3	8

Puzzle 83

2	9	6	5	8	3	4	7	1
4	8	5	6	7	1	3	2	9
1	7	3	2	9	4	5	8	6
6	3	7	1	4	9	8	5	2
5	1	9	3	2	8	6	4	7
8	4	2	7	5	6	1	9	3
9	2	1	4	6	5	7	3	8
7	6	4	8	3	2	9	1	5
3	5	8	9	1	7	2	6	4

Puzzle 84

2	4	6	3	8	9	1	5	7
5	1	9	4	6	7	8	2	3
3	8	7	1	2	5	9	6	4
8	2	4	5	7	3	6	1	9
1	9	5	8	4	6	7	3	2
7	6	3	9	1	2	4	8	5
4	7	2	6	3	1	5	9	8
9	3	1	7	5	8	2	4	6
6	5	8	2	9	4	3	7	1

Puzzle 85

4	8	5	6	7	2	1	9	3
9	7	6	4	3	1	5	2	8
2	3	1	9	8	5	6	4	7
3	4	2	7	9	6	8	5	1
7	1	9	3	5	8	2	6	4
5	6	8	1	2	4	3	7	9
1	9	3	5	6	7	4	8	2
6	2	4	8	1	9	7	3	5
8	5	7	2	4	3	9	1	6

Puzzle 86

1	7	2	6	5	4	3	9	8
4	9	5	7	3	8	1	6	2
8	6	3	2	1	9	7	4	5
3	1	6	4	7	2	5	8	9
2	5	7	9	8	3	6	1	4
9	8	4	1	6	5	2	7	3
5	3	1	8	9	6	4	2	7
6	4	9	3	2	7	8	5	1
7	2	8	5	4	1	9	3	6

Puzzle 87

7	1	8	6	3	4	5	9	2
6	4	9	1	2	5	3	8	7
3	5	2	9	8	7	6	4	1
8	2	6	5	4	3	1	7	9
4	7	5	8	9	1	2	3	6
1	9	3	7	6	2	8	5	4
9	3	7	2	5	6	4	1	8
2	8	4	3	1	9	7	6	5
5	6	1	4	7	8	9	2	3

Puzzle 88

6	4	1	3	5	9	2	7	8
3	7	9	1	8	2	5	6	4
5	8	2	7	6	4	3	1	9
1	6	4	9	3	5	7	8	2
8	5	3	2	7	1	9	4	6
9	2	7	6	4	8	1	5	3
2	9	8	5	1	6	4	3	7
7	1	6	4	2	3	8	9	5
4	3	5	8	9	7	6	2	1

Puzzle 89

2	7	9	4	1	6	5	3	8
3	8	5	7	2	9	4	1	6
1	6	4	3	5	8	9	2	7
5	3	7	8	4	1	2	6	9
8	1	2	6	9	5	3	7	4
4	9	6	2	7	3	1	8	5
9	5	3	1	8	7	6	4	2
7	4	1	5	6	2	8	9	3
6	2	8	9	3	4	7	5	1

Puzzle 90

3	5	1	8	4	2	7	9	6
2	9	4	3	7	6	1	5	8
7	8	6	5	1	9	2	4	3
5	2	9	4	8	1	3	6	7
1	6	7	9	5	3	8	2	4
8	4	3	2	6	7	9	1	5
4	3	8	1	9	5	6	7	2
6	1	5	7	2	8	4	3	9
9	7	2	6	3	4	5	8	1

Puzzle 91

8	3	7	2	1	9	5	6	4
4	1	9	6	7	5	2	3	8
6	5	2	4	3	8	7	9	1
5	6	3	9	8	7	1	4	2
1	2	4	3	5	6	8	7	9
9	7	8	1	4	2	3	5	6
7	9	6	8	2	3	4	1	5
2	4	5	7	6	1	9	8	3
3	8	1	5	9	4	6	2	7

Puzzle 92

6	1	7	4	9	8	2	3	5
4	5	2	3	1	6	8	7	9
3	8	9	5	2	7	6	4	1
7	4	3	1	5	2	9	8	6
5	9	6	7	8	3	4	1	2
1	2	8	6	4	9	3	5	7
9	7	1	8	6	4	5	2	3
8	6	5	2	3	1	7	9	4
2	3	4	9	7	5	1	6	8

Puzzle 93

3	6	7	5	8	9	4	2	1
8	5	2	7	4	1	9	3	6
4	9	1	6	3	2	8	7	5
7	2	6	8	5	3	1	9	4
9	8	4	2	1	7	5	6	3
1	3	5	4	9	6	2	8	7
5	4	9	3	7	8	6	1	2
6	7	8	1	2	4	3	5	9
2	1	3	9	6	5	7	4	8

Puzzle 94

6	2	8	3	1	7	9	5	4
3	7	4	2	5	9	8	6	1
5	9	1	4	8	6	2	3	7
1	5	7	9	4	3	6	8	2
9	4	6	7	2	8	5	1	3
8	3	2	5	6	1	7	4	9
7	6	9	1	3	5	4	2	8
2	8	3	6	7	4	1	9	5
4	1	5	8	9	2	3	7	6

Puzzle 95

2	1	6	7	9	4	8	5	3
9	3	5	1	6	8	4	7	2
7	4	8	5	3	2	9	1	6
1	8	4	3	7	5	6	2	9
6	7	2	4	8	9	1	3	5
5	9	3	6	2	1	7	4	8
8	2	1	9	5	7	3	6	4
3	5	7	8	4	6	2	9	1
4	6	9	2	1	3	5	8	7

Puzzle 96

8	3	6	5	9	4	1	7	2
4	9	7	3	2	1	6	8	5
2	1	5	7	8	6	3	9	4
1	4	9	6	5	3	7	2	8
7	8	2	4	1	9	5	3	6
5	6	3	2	7	8	9	4	1
9	5	8	1	4	7	2	6	3
3	7	1	8	6	2	4	5	9
6	2	4	9	3	5	8	1	7

Puzzle 97

4	6	5	2	8	9	3	1	7
1	7	8	4	5	3	9	2	6
2	3	9	6	1	7	8	4	5
8	2	7	5	9	6	1	3	4
9	5	4	1	3	8	6	7	2
3	1	6	7	4	2	5	8	9
7	8	3	9	2	5	4	6	1
6	9	1	8	7	4	2	5	3
5	4	2	3	6	1	7	9	8

Puzzle 98

4	5	2	9	3	1	7	8	6
6	9	8	4	5	7	2	3	1
1	3	7	2	8	6	4	5	9
9	8	1	3	2	4	5	6	7
3	2	4	7	6	5	9	1	8
5	7	6	8	1	9	3	4	2
2	1	5	6	9	3	8	7	4
7	6	9	5	4	8	1	2	3
8	4	3	1	7	2	6	9	5

Puzzle 99

1	5	7	2	3	8	9	4	6
3	4	6	1	7	9	5	2	8
2	8	9	4	6	5	1	3	7
6	9	1	3	5	2	7	8	4
4	7	3	9	8	6	2	1	5
5	2	8	7	1	4	3	6	9
7	3	4	6	9	1	8	5	2
8	1	2	5	4	7	6	9	3
9	6	5	8	2	3	4	7	1

Puzzle 100

8	3	4	2	9	7	1	5	6
2	6	1	4	3	5	9	8	7
7	5	9	8	6	1	2	3	4
1	2	3	6	7	4	5	9	8
6	7	8	1	5	9	4	2	3
4	9	5	3	8	2	7	6	1
9	4	6	7	2	3	8	1	5
3	1	2	5	4	8	6	7	9
5	8	7	9	1	6	3	4	2